LE TESTAMENT DU MARI

ET LA

DONATIO ANTE NUPTIAS

PAR

A. ESMEIN

PROFESSEUR AGRÉGÉ A LA FACULTÉ DE DROIT DE PARIS

PARIS

L. LAROSE ET FORCEL

Libraires-Éditeurs

22, RUE SOUFFLOT, 22

1884

LE TESTAMENT DU MARI

ET LA

DONATIO ANTE NUPTIAS

LE TESTAMENT DU MARI

ET LA

DONATIO ANTE NUPTIAS

PAR

A. ESMEIN

PROFESSEUR AGRÉGÉ A LA FACULTÉ DE DROIT DE PARIS

PARIS

L. LAROSE ET FORCEL

Libraires-Éditeurs

22, RUE SOUFFLOT, 22

1884

IMPRIMERIE
CONTANT-LAGUERRE

LE TESTAMENT DU MARI

ET LA

DONATIO ANTE NUPTIAS

Beaucoup d'anciennes législations font à la femme mariée, quant à ses droits pécuniaires, une condition à la fois rigoureuse et privilégiée. D'un côté, le plus souvent, les biens qu'elle apporte en se mariant passent sous la domination du mari qui en a la jouissance ou même la propriété; au cours du mariage, elle ne peut acquérir sans le consentement du mari, qui, bien souvent encore, a la jouissance ou la propriété de ces acquêts. D'autre part, on fait à la veuve d'importants avantages; non-seulement son apport lui est restitué, mais encore elle a de larges gains de survie prélevés sur la fortune de son mari défunt.

Ces idées, si familières aux coutumes germaniques, ont guidé également les anciens Romains; mais, dans l'application, ceux-ci leur ont donné un tour particulier conforme à leur génie.

A Rome, la forme la plus ancienne de l'union légitime, celle qui resta longtemps dominante, fut le mariage avec

1

manus (1). Tout ce qui appartenait à la femme lors de la *conventio in manum*, tout ce qu'elle acquérait dans la suite, se confondait dans le patrimoine de son mari, et si elle mourait la première, la confusion était irrévocable, et rien ne venait en tempérer les effets. Si, au contraire, le mari prédécédait, les droits de la veuve n'étaient point méconnus : la succession *ab intestat* s'ouvrait-elle, la femme, *sua hæres*, venait à côté des enfants prendre une part virile. Mais c'était là un accident fort rare dans les mœurs romaines. Le plus souvent, le *paterfamilias* avait testé, et alors l'usage, comme je vais le montrer, lui imposait toute une série de dispositions testamentaires en faveur de sa femme, qui lui assureront à celle-ci, avec la reprise de son apport, d'importants gains de survie.

Aux yeux des anciens Romains, c'est un devoir précis pour le mari que d'assurer à sa veuve une vie digne et facile : c'est la compensation du rôle humble et effacé que sa femme a dû tenir, au point de vue juridique, pendant la durée du mariage. Mais ce devoir, ce sont les mœurs et non les lois qui l'imposent au mari : la loi ne lui fournit que le moyen de le remplir, en lui ouvrant le droit de tester. Il agira librement, dans sa pleine souveraineté de chef de famille, lorsqu'il fixera les droits pécuniaires de sa femme dans l'acte suprême qui doit clore son règne domestique.

Les anciens Romains, en effet, ont eu l'idée de cette communauté des biens dans la famille qui, chez les Germains et les Slaves, produit parfois des effets si nets et si puissants (2) : mais, tant que vit le père, ils n'en ont fait naître aucun droit des membres contre le chef (3). Dans ce patrimoine que gouverne le *paterfamilias* et qui est le sien, se trouvent confondus bien des apports divers; le bien de la femme, le travail des enfants ont contribué à le grossir;

---

(1) Voyez mon étude sur *La manus, la paternité et le divorce dans l'ancien droit romain* (*Revue générale du droit*, 1883).

(2) Voyez, par exemple, Czylabrz : *Zur Geschichte des ehelichen Güterrechts im bömisch-mährischen Landrecht*, 1883, p. 1, ssq.

(3) Si ce n'est peut-être le droit de provoquer, le cas échéant, l'*interdictio re et commercio* du *paterfamilias*. Voy. Voigt : *Die XII Tafeln*, § 181, tom. II. p. 725, ssq.

mais c'est le père seul qui fixera dans son testament la part
de chacun. Faire son testament, c'est donc pour lui s'ac-
quitter d'un grand devoir moral : ne pas le faire, c'est éviter
de payer une dette sacrée, c'est le fait d'un homme sans
conscience et d'un dépositaire infidèle. Voilà pourquoi, sans
doute, et non sans raison, les Romains regardaient comme
quasi déshonoré celui qui mourait *intestat* (1).

Avec le mariage sans *manus* on pourrait croire que le testament du mari perdit pour la femme beaucoup de son importance. Il n'en fut point ainsi, et il ne cessa pas d'être à son
égard un acte de justice distributive. Le mari, en effet, était
propriétaire de la dot, et, pendant longtemps, la loi ne donna
aucune action à la femme survivante pour en réclamer la
restitution. Tant qu'il en fut ainsi, la simple *uxor* ne recou-
vra ses biens dotaux qu'en vertu d'une clause du testament
de son mari, et si celui-ci mourait *intestat*, elle était moins
bien traitée que la femme *in manu*; elle n'était point *sua
hæres* comme cette dernière, et le préteur lui-même, lorsqu'il l'appela à la succession par l'édit *Unde vir et uxor*,
ne lui donna qu'un rang bien éloigné parmi les *bonorum pos-
sessores*. Sous l'influence de ces principes, l'habitude du *legatum dotis* s'enracina tellement qu'elle subsista, alors que
l'*actio rei uxoriæ* eut atteint son complet développement.

Les dispositions testamentaires que l'usage dictait au mari
en faveur de la femme *in manu* dépassaient de beaucoup la
restitution de la dot; elles lui faisaient sa part dans cette
fortune du *paterfamilias*, qui seule avait profité de son labeur
et de sa vigilance. Ces libéralités persistèrent en faveur de
la simple *uxor*. Sans doute, celle-ci avait conservé la faculté d'acquérir pour elle-même ou pour le père dont elle
devait hériter un jour. Mais cette faculté d'acquérir ne pou-

(1) Voici ce que Fronton écrit à Marc-Aurèle. Il est question de testaments, qu'on devait envoyer des provinces à Rome pour la décision d'un
procès : « Qui mos si fuerit inductus ut defunctorum testamenta ex provin-
ciis transmarinis Romam mittantur indignius et acerbius testamentorum periculum erit quam si corpora mittantur defunctorum qui trans maria testantur.
Nam his quidem nullum fere gravius periculum superveniet... At ubi testa-
mentum naufragio submersum est, illa demum et res et domus et familia
naufraga atque insepulta est. » Lettres de Marc-Aurèle et de Fronton, édit.
Cassan, tom. I, p. 155-6.

vait être productive que si la femme avait un fonds à faire
fructifier : or, il semble que, pendant longtemps, la femme
ne reçut rien de sa famille en dehors des biens qu'elle apportait en dot (1); les paraphernaux ont tenu, pendant
longtemps, une place peu importante dans le droit matrimonial romain (2). Dans le mariage libre comme dans le
mariage avec *manus*, la veuve avait bien droit à une ré-
compense.

D'ailleurs, les legs du mari à sa femme répondaient en
partie à des besoins qui sont de tous les temps, et ils fourni-
rent aux Romains un moyen commode pour corriger les inconvénients que présenta la prohibition des donations entre
époux.

Je voudrais ici retrouver, à l'aide des textes, les clauses
qui étaient de style dans le testament du mari, et montrer
aux diverses époques la portée de ces dispositions (3). Je
montrerai ensuite comment, au Bas-Empire, s'établirent pour
la femme des gains de survie conventionnels ou légaux, qui
reléguèrent au second plan le testament du mari.

---

(1) Cela semble attesté par l'habitude chez le père de léguer à sa fille sa
dot, tout en l'exhérédant. L. 10, § 2, D. xxxiv, 4; L. 21, D. xxxiii, 5.

(2) Les jurisconsultes de l'époque classique parlent fort rarement des
biens paraphernaux. L. 9, § 3, D. xxiii, 3; L. 95, pr. D. xxxv, 2. Cette classe
de biens, qui avait un nom spécial en Gaule et en Grèce, n'en avait pas à
Rome. Jadis on les avait désignés par l'épithète *receplicia*. Aulu-Gelle, N.
A., xvii, 6, 1 et 6 : « Quando mulier dotem marito dabat, tum quæ ex suis
bonis retinebat neque ad virum transmittebat, ea recipere dicebatur; sicuti
nunc in venditionibus recipi dicuntur, quæ excipiuntur neque veneunt. »
Cf. Festus, vº *Receplicium*; Non. Marc., 56, 6 et 12. Cette terminologie indi-
quait clairement le caractère tout exceptionnel des biens non dotaux de la
femme. Plus tard, l'expression *dos receplicia* fut employée dans un autre
sens. Ulp., vi, 5. La pratique que constate Ulpien dans la loi 9, § 3, D. xxiii,
3, montre que, de son temps, les biens paraphernaux avaient généralement
peu d'importance.

(3) Dans les habitudes romaines, le testament était autant l'œuvre de la
jurisprudence qui en fournissait le modèle que du testateur qui y déposait
ses volontés. Pour le rédiger, l'assistance d'un jurisconsulte était presque
nécessaire; c'était faire un grand éloge d'un scribe que de dire qu'il pouvait
rédiger les testaments sans cette assistance. Voy., par exemple, Wilmans,
Inscript., nº 2475 : « Testamenta scripsit annos XIV sine jurisconsulto. »

§ 1.

Le testament du mari.

I.

Nous trouvons au Digeste de nombreux textes qui nous montrent un mari instituant sa femme héritière (1); et c'était certainement la règle lorsque la femme se trouvait *in manu mariti*. Celle-ci était alors *hæres sua* de son mari; il fallait par conséquent qu'elle fût instituée par lui ou exhérédée, et le plus souvent il l'instituait; ce qui le prouve, c'est que le premier, le plus important des legs qu'il lui fera porte dans l'usage le nom de legs préciputaire, « *prælegatum dotis* (2). » Cependant il devait arriver assez souvent que le mari exhérédât *bona mente* la femme *in manu* avec les filles et les petits-fils, leur laissant, à titre de legs, leur part dans le patrimoine; il réservait alors à ses fils le titre d'héritier et le règlement de la succession (3). Mais je croirais que moins

(1) Voy. LL. 34, § 3; 53, § 1; 77; 88, § 16; 89 pr., § 7, D. xxxi; LL. 41 pr., §§ 7, 14; 42, D. xxxii; LL. 13, § 1; 21, § 2, D. xxxiii, 1; L. 21, D. xxxiii, 5; LL. 14; 41, § 14, D. xc, 5.

(2) On a soutenu que l'expression *prælegatum dotis* n'emportait point l'idée de legs préciputaire, et 'expliquait par l'idée de restitution (V. Dirksen, *Manuale*, v° *Prælegare*); mais ce point de vue est traduit par l'expression *dos relegata*. On a prétendu aussi que l'on disait *prælegare dotem* « quod, antequam ejus reddendæ dies venerit, ea numerari a mariti hæredibus jubetur » (Vicat, *Vocabularium juris utriusque*, v° *Prælegare*). Mais c'est une étymologie peu vraisemblable. Il est plus naturel de conserver ici au mot *prælegare* son sens propre, le seul qu'il pût avoir pour l'école Sabinienne (Gaïus, II, 217, sqq.).

(3) Ce qui ferait croire à cette exhérédation fréquente de la femme *in manu*, des filles et des petits-fils, c'est que, tandis que le fils doit être exhérédé *nominatim*, toutes ces personnes peuvent être exhérédées *inter cæteros* (Gaïus, II, 128; Ulp., xxii, 20). Leur exhérédation était donc considérée en quelque sorte comme une clause de style. Mais en même temps le *paterfamilias* leur laissait leur quote-part de la succession, peut-être dans un *legatum partitionis*. Le *jus accrescendi*, qu'on reconnut à ces personnes lorsqu'elles avaient été omises, dut être mesuré sur la part de biens qu'on leur léguait d'ordinaire dans les testaments qui contenaient la clause : *cæteri exheredes sunto*.

souvent que les filles et les petits-fils la *materfamilias* était rayée du nombre des héritiers.

Même dans le mariage libre, la femme est souvent instituée par son mari. Parmi les textes du Digeste qui contiennent de semblables institutions, quelques-uns sans doute se rapportent à une femme *in manu* (1); mais dans le plus grand nombre il s'agit d'une simple *uxor*. Peut-être doit-on attribuer cela à la force des anciennes habitudes; mais, d'autre part, ces textes attestent chez les contemporains des grands jurisconsultes un profond respect de l'épouse, et font le plus heureux contraste avec les témoignages des philosophes et des satiriques. Souvent la mère est instituée à côté de son fils (2); parfois la fille est exhérédée alors que la mère est instituée avec le fils (3). Fréquemment, en inscrivant sa femme au nombre de ses héritiers, le mari lui remet le soin de sa sépulture (4), ou lui donne la mission de veiller après lui sur ses intérêts les plus chers (5).

Mais la partie la plus importante comme la plus intéressante dans le testament du mari, c'est l'ensemble de legs en faveur de la veuve, dont l'usage lui imposait au moins les

(1) Voy. LL. 14 et 41, § 14, D. xL, 5. Il est dit dans ces textes que la femme instituée *abstinuit ab hereditate;* on peut en conclure qu'elle est *heres sua,* puisqu'elle fait usage du *jus abstinendi.*

(2) L. 77 pr., D. xxxi : « Cum paterfilias eorumque matrem heredes instituisset » (cf. L. 89, *eod. lit.;* L. 41 pr., §§ 7, 14, D. xxxii).

(3) L. 21, D. xxxiii, 5 : « Filium et uxorem heredes scripsit, filiam exheredavit et ei legatum dedit, cum in familia nuberet, centum. »

(4) L. 42, D. xxxii : « Titius heredes instituit Seiam uxorem ex parte duodecima Mæviam ex reliquis partibus, et de monumento quod sibi exstrui volebat, ita cavit : « Corpus meum uxori meæ volo tradi sepeliendum et monumentum exstrui. »

(5) L. 41, § 16, D. xxxii : « Heredis scripti fidei commiserat ut Seiæ uxori universam restitueret hereditatem, et uxoris fidei commisit in hæc verba : « A te, Seia, peto, ut quidquid ad te ex hereditate mea pervenerit, exceptis his, si quæ tibi legavi, reliquum omne reddas restituas Mæviæ infanti dulcissimæ : a qua Seia satis exigi velo cum sciam eam potius rem aucturam quam detrimento futuram. » — L. 21, § 2, D. xxxii, 1 : « Filium ex dodrante, uxorem ex quadrante instituit heredes et filii fidei commisit, ut novercæ restitueret hereditatem, ab ea autem petit, ut infirmitatem filii commendatam haberet, eique menstruos aureos denos præstaret, donec ad vicesimum quintum annum ætatis pervenerit. cum autem impleret eam ætatem, partem dimidiam hereditatis ei restitueret. »

principaux. Il y avait là, une série de clauses, qui étaient de style (1) et dont l'interprétation se rattachait à une conception spéciale des droits de l'épouse (2). Essayons de les reconstituer.

II.

Le premier en ordre de ces legs, celui qui, pendant long-temps, fut le premier en importance, c'est le *legatum dotis*. Son origine remonte sûrement à une époque où la femme survivante n'avait pas droit à la restitution de sa dot. Même quand il instituait sa femme héritière, le mari détachait de son patrimoine, comme une valeur étrangère, la dot qu'elle y avait apportée et la lui attribuait à titre de legs préciputaire, *prælegatum dotis* (3). A plus forte raison la femme recevait-elle ce legs lorsqu'elle n'était pas instituée héritière. Le legs de la dot est souvent qualifié dans les textes *relegatum dotis* (4) : cette expression indique bien nettement l'idée d'une restitution; c'est un bien qui retourne au véritable ayant-droit.

Ces deux termes *prælegatum* et *relegatum* sont d'ailleurs employés pour désigner un autre legs qui se rapproche fort de celui de la dot par les motifs sur lesquels il repose : le legs du pécule au *filiusfamilias*. Le pécule qu'administre le fils déjà grandi en âge n'est-il pas en réalité sa création et sa chose? Peut-être même a-t-il rendu à la caisse du père les premières avances grâce auxquelles il s'est formé. Comme droit à son pécule, le fils peut invoquer le titre qui justifie le mieux la propriété, c'est-à-dire le travail. En léguant par préciput le

---

(1) L. 45, D. xxxii : « In usu frequentissimo versatur, ut in *legatis uxoris* adjiciatur quod ejus causa parata sint. » — L. 33, § 1, D. *ibid.* : « Uxori suæ *inter cætera* ita legavit. »

(2) L. 29 p., D. xxxii. Il s'agit d'un legs fait à une concubine et non à une *uxor* : « Labeo id non probat, quia in hujusmodi legato non jus uxorium sequendum, sed verborum interpretatio esset facienda. »

(3) L. 4, §§ 6, 13, l. 9; L. 15, l. 17, D. xxxii, 4; L. 51, l. 78, § 14, D. xxxvi, 1; L. 27 pr., D. xxxiii, 2.

(4) L. 1 pr., §§ 1, 2, 5, 9, 10, 11, 12, 14, 15; L. 2 pr., l. 3; L. 4, D. xxxiii, 4; L. 77, § 12, D. xxxi : « Dos prælegata... reddi potius videtur quam dari. »

pécule au fils (1) et la dot à la femme, le *paterfamilias* accomplit un même acte de justice distributive : les mêmes expressions employées de part et d'autre montrent que cette pensée fut bien celle des anciens Romains.

L'habitude de léguer à la femme sa dot persista, nous l'avons dit, après que l'action *rei uxoriæ* fut née et que la pratique des *cautiones rei uxoriæ* se fut répandue. Le jurisconsulte Paul dit encore : « Paterfamilias dotem, *ut solet*, legavit (2). » Sans doute on voit là surtout la force d'un ancien usage ; mais le legs de la dot présentait aussi pour la femme des avantages qu'elle ne trouvait ni dans l'action *rei uxoriæ*, ni même parfois dans la stipulation de sa dot : je vais le montrer tout à l'heure.

Le legs de la dot se présente sous deux formes : le *legatum dotis* proprement dit et le *legatum pro dote*. Dans le premier cas, le mari léguait la dot elle-même considérée comme une universalité, comme une entité juridique, « *dos ipsa, dos generaliter legata est* (3) ; » dans le second, il léguait à sa femme un ou plusieurs objets déterminés pour lui tenir lieu de sa dot : « *Non dos sed pro dote aliquid relegatur* (4). »

Aux yeux des jurisconsultes classiques ces deux sortes de legs ont des effets bien différents. Le *legatum dotis*, quant à sa portée, se règle exactement sur l'action qu'aurait la femme, en dehors de tout legs, pour se faire restituer sa dot : « verum est id dotis legato inesse quod actione de dote inerat... dotis actionem continet dotis relegatio (5). » Le *legatum pro dote*, au contraire, est un legs ordinaire qui porte sur un ou plusieurs objets individuellement déterminés, et la clause qui en fait un équivalent de la dot n'est en réalité qu'une *demonstratio*.

---

(1) L'habitude pour le père de léguer à son fils son pécule paraît ressortir des textes. V. L. 26, D. xxxiii, 8 : « Titi fili, e medio præcipito sumito tibi que habeto domum illam item aureos centum. *Alio deinde capite peculia filiis prælegavit.* » Cf. L. 10, ibid.; L. 89 pr., D. xxxi; L. 7, D. xl, 1. — V. Brisson : *De formulis et solemnibus populi romani verbis*, lib. VIII, édit. Paris, 1583, p. 715.

(2) L. 13, D. xxxiii, 4.

(3) L. 6, § 1; L. 1, § 14, D. xxxiii, 4.

(4) L. 2 pr.; L. 6, § 1, D. xxxiii, 4.

(5) L. 1 pr., § 5, D. xxxiii, 4.

De cette distinction fondamentale découlent des différences secondaires qu'énumèrent les textes, et dont voici les principales. Si la dot consiste en corps certains non estimés et que ces choses aient péri fortuitement, le *legatum dotis* s'évanouit (1); le *legatum pro dote* subsiste en pareil cas pourvu que son objet propre n'ait point péri (2). Si le mari, par extraordinaire, a légué une dot qui n'existait pas, le *legatum dotis* est alors nul, le *legatum pro dote* est valable (3). Si la dot, au moment de la dissolution du mariage, était encore due par la femme elle-même à qui elle est léguée, le *legatum dotis* ne lui procurera que sa libération; en vertu d'un *legatum pro dote*, elle pourrait sans doute réclamer l'objet précis du legs (4). Les textes nous disent que dans le *legatum dotis* la femme subira les mêmes *retentiones* qu'elle aurait supportées dans l'*actio rei uxoriæ* (5); en cas de *legatum pro dote*, elle ne devra même pas compte des dépenses nécessaires faites à l'occasion de sa dot (6). Enfin, la femme ne trouvait dans le *legatum dotis* que la valeur exacte de sa dot, elle pouvait trouver dans le *legatum pro dote* un objet d'une valeur beaucoup plus grande.

Cette distinction a donc une très grande importance à l'époque classique, mais il est fort douteux qu'elle soit très ancienne et qu'on l'ait faite de tout temps. S'il est vrai que l'usage de léguer la dot à la femme ait existé alors que l'*actio rei uxoriæ* n'existait pas encore, il est clair qu'alors l'interprétation du *legatum dotis*, telle que nous venons de la donner, n'avait pas encore pu naître. Elle ne put se former que quand l'obligation de restituer, imposée par la loi au mari, eut donné au terme *dot* une valeur juridique et un objet légalement déterminé. Jusque-là, il n'y eut à vrai dire que des *legata pro dote* : mais sans doute déjà, lorsque ceux-ci étaient conçus en termes fort généraux, on reconnaissait au juge de larges pouvoirs, pour déterminer ce que devait obtenir la femme.

(1) L. 1, § 6, D. xxxiii, 4.
(2) L. 8, D. xxxiii, 4.
(3) L. 6, § 1, D. xxxiii, 4.
(4) L. 1, § 7, D. xxxiii, 4; cf. L. 16. l. 1, § 9, ibid.
(5) L. 1, § 3, D. xxxiii, 4.
(6) L. 2 pr., D. xxxiii, 4.

A l'époque des grands jurisconsultes, le *legatum dotis* n'a rien en lui-même de très avantageux pour la femme. Le profit le plus clair qu'elle en retirera, c'est que si elle avait dû pour réclamer sa dot recourir au droit commun et qu'il s'agisse d'une *dos quæ annua, bima, trima, die redditur*, elle pourra agir de suite et profitera du *commodum repræsentationis* (1).

Le *legatum pro dote*, au contraire, pourra, nous l'avons vu, lui donner beaucoup plus que le droit commun. Il se présentait d'ailleurs sous plusieurs formes.

La formule la plus usitée et la plus ancienne paraît avoir été à peu près la suivante : « *Quantam pecuniam* (ou *summa*) *dotis nomine ad me pervenit, tantam pecuniam* (ou *tantumdem*) *pro ea dote uxori do lego* (ou *heres meus dato*) (2). » D'ailleurs on interpréta d'abord ces termes en ce sens qu'on vit dans le mot *pecunia* ou *summa* non pas la valeur de la dot en argent mais la dot elle-même, les objets qui la constituaient (3), comme ce même mot *pecunia* désignait le patrimoine entier dans la *nuncupatio* du testament *per æs et libram* (4), et c'est peut-être sur cette ancienne formule que la jurisprudence édifia la théorie postérieure du *legatum dotis* proprement dit. Mais il n'est pas douteux qu'à l'époque classique elle ait été employée par des testateurs pour léguer à la femme, non la dot elle-même, mais sa valeur en argent : *pecuniam pro dote legare* (5). Et alors c'était surtout une question d'intention que de savoir si le disposant avait voulu faire un *legatum dotis* ou un *legatum pro dote*. D'ailleurs celui-ci, s'il se décidait pour le second parti, avait un moyen bien simple d'écarter

(1) L. 1, § 2, D. xxxiii, 4.

(2) L. 6 pr., § 1 (Labéon), D. xxxiii, 4; L. 17, § 1 (Scævola), *ibid.*; L. 41, § 1, D. xxxi; Brisson, *De formulis*, p. 717 : « Plane in dotis relegatione solemnia fuisse verba hæc *quantas pecunias* docet Marcianus in lege, 95, D. *De legatis*, iii. »

(3) L. 95, D. xxxii : « Aristo res quoque corporales contineri ait, quia et hoc verbum « *quantas* » non ad numeratam dumtaxat pecuniam referri ex dotis relegatione et stipulationibus emptæ hereditatis apparet, et « *summæ* » appellatio similiter accipi deberet, ut in his argumentis quæ relata essent ostenditur. »

(4) Gaïus, II, 101.

(5) L. 3, l. 6, § 1, *in fine*, D. xxxiii, 4.

toute difficulté : c'était de fixer la somme d'argent qu'il léguait *pro dote* (1).

D'autres fois, c'étaient des corps certains, compris dans la dot ou pris dans le patrimoine du mari qui faisaient l'objet du legs (2). Parfois, enfin, c'était l'institution d'héritier elle-même, faite en faveur de la femme, qui était destinée à lui tenir lieu de sa dot (3).

Le legs de la dot sous ses deux formes distinctes pouvait être construit *per præceptionem* (4), *per vindicationem* (5), *per damnationem* (6), et sans doute aussi *sinendi modo*. Lorsque le mari avait légué individuellement *per vindicationem* les corps certains composant la dot, la femme avait pour les réclamer la revendication, tandis que l'action *rei uxoriæ*, comme l'action *ex stipulatu* qu'elle avait pu s'assurer, étaient des actions personnelles.

Si le *legatum dotis* proprement dit avait été fait *per vindicationem*, la femme pouvait-elle également revendiquer les corps certains compris dans la dot et non aliénés valablement par le mari? A ma connaissance, les textes ne le disent pas; mais on peut croire qu'il en était ainsi. En effet, le legs de la dot ressemble assez à celui du pécule, en ce que de part et d'autre l'objet est une sorte d'universalité, et les jurisconsultes romains font eux-mêmes la comparaison (7) : or, il paraît bien que le légataire du pécule (dans la forme *do, lego*) pouvait revendiquer les corps certains qui y étaient compris (8).

(1) L. 6 pr., § 1, D. xxxiii, 4.

(2) L. 48, D. xxxi : « *Licinius Lucusta Proculo* suo salutem. Cum faciat condicionem in relegandat dote, ut si mallet uxor mancipia quæ in dotem dederit quam pecuniam numeratam recipere; si ea mancipia uxor malit, numquid etiam ea quæ postea ex his mancipiis nata sunt, uxori debeantur. — *Proculus Lucustæ* suo salutem. « Si uxor mallet mancipia quam dotem accipere ipsa mancipia, quæ æstimata in dotem dedit, non etiam partus mancipiorum ei debebuntur. »

(3) L. 53, § 1, D. xxxi : « Heres instituta pro dote. »

(4) L. 17 pr., D. xxxiii, 4.

(5) L. 10, D. xxxiii, 4.

(6) L. 3; L. 6 pr., § 1, D. xxxiii, 4.

(7) L. 1, § 10, D. xxxiii, 4; L. 6 pr., § 1, D. xxxiii, 8.

(8) L. 6 pr., D. xxxiii, 8 : « Si peculium legetur et sit in corporibus, puta fundi vel ædes, si quidem nihil sit quod servus domino vel conservis libe-

Dans ces conditions, le *legatum dotis* aurait été fort avantageux même à la femme qui aurait pu réclamer sa dot par l'action *ex stipulatu* : et c'est peut-être en se plaçant à ce point de vue que les *Institutes* de Justinien déclarent, en termes généraux : « Si uxori maritus dotem legaverit, valet legatum quia plenius est legatum quam de dote actio (1). » Dans le droit des *Institutes*, la légataire aura toujours la revendication pour les corps certains compris dans la dot (2).

III.

A côté du legs de la dot, l'usage en plaçait un autre, dont l'origine remonte aussi à l'ancien régime du mariage avec *manus*. Les textes en fournissent de nombreuses variantes, mais dans sa teneur la plus complète il était ainsi rédigé : « *Titiæ uxori quidquid vivus dedi, donavi, ejus causa* (ou *usibus*) *comparavi, confeci, id omne do lego* (3). » Cela comprenait plusieurs chefs.

Cela comprend d'abord le *mundus muliebris*, et tout ce qui a été acquis dans le ménage pour l'usage particulier de la femme, ou mis à sa disposition par le mari : *quæ ejus causa parata sunt*. Que ce legs fût une coutume très ancienne, cela n'est pas douteux (4), et Africain nous dit expressément qu'il était de style : « *Uxori, uti adsolet, legavit quæ ejus causa parata erunt* (5). » Il est aisé de comprendre pourquoi.

La femme soumise à la *manus* ne conserve rien en propre et ne peut rien acquérir : tous les objets familiers, meubles, esclaves attachés à sa personne, vêtements et bijoux, au milieu desquels elle a vécu, ne sont donc point à elle, pas même

---

risve domini debeat, integra corpora vindicabuntur. » L. 56, D. vi, 1. — Voy. Voigt, *Die XII Tafeln*, § 101, anm. 2, 4, 5.

(1) Inst., 1, 20, 15.

(2) Il est vrai, d'autre part, que dans le droit de Justinien la femme a la revendication des biens dotaux non aliénés par le mari. L. 30, C. v, 12 (de l'an 529).

(3) L. 13, D. xxxiv, 2; L. 33, § 1, D. xxxii.

(4) Voyez Nonius Marcellus, v° *Mundus*, où il cite ce passage de Lucilius : « Legavit quidam uxori mundum omne. »

(5) L. 2, D. xxxiv, 2.

ceux qu'elle a apportés en se mariant de la maison paternelle; tout cela appartient au mari (1). Cependant tout cela ne doit-il pas revenir à la veuve? D'autres législations qui, confondant également le patrimoine de la femme dans celui du mari, permettent de plein droit à la veuve de reprendre ces objets (2), le droit romain, suivant sa tendance naturelle, laisse au mari le soin de faire cette attribution dans son testament. D'ailleurs ici encore le mari fera pour sa femme ce que fait le père de famille pour la *filafamilias*. Voici un exemple de ces dispositions : « *Paulinæ filiæ meæ dulcissimæ, si quid me vivo dedi, comparavi, sibi habere jubeo; cujus rei quæstionem fieri velo* (3). »

Dans le mariage libre, l'habitude se conserva pour le mari de léguer à sa femme « *quæ ejus causa parata fuerunt,* » et un intérêt nouveau justifia dans la suite cette habitude. Sauf le cas où ces objets constituaient pour elle des paraphernaux, la femme ne peut pas en être propriétaire au cours du mariage.

(1) Tel était jusqu'à ces derniers temps le principe admis par la législation anglaise. L'acte de 1882 (45 et 46 Vict., c. 75) est venu renverser les règles traditionnelles, que d'ailleurs la pratique ou la loi avaient partiellement corrigées : il a proclamé l'indépendance de la femme mariée, en faisant de la *séparation de biens* le régime de droit commun, une séparation de biens où la femme n'est point soumise à l'autorité maritale. C'est depuis lors seulement que la femme a pu être considérée comme propriétaire des bijoux donnés par le mari avant ou depuis le mariage. Voyez Griffith et Worthington Bromfield, *The married women's property acts*, London, 1883, p. 5. « It is submitted that a married woman will now hold her paraphernalia as separate property... They consist of such articles of dress and ornament, as jewels, pearls, watches, and rings as are suitables to her station in life, and are given to her to be worn as ornaments, wether before or after marriage by her husband... Before this act a married woman had no right of property in her paraphernalia till she became a widow, which rested on her on her husband's death... while her husband could give them away or sell or pledge them, though he could not bequeath them, and they were liable to his debtes. »

(2) Voyez, pour le droit anglais, la note précédente.

(3) L. 34, § 6. D. xxxi. — La loi 88 pr., D. xxxi, montre que le même sentiment d'équité conduisait à des legs d'une formule plus large encore au profit de tous les enfants en puissance : « Lucius Titius testamento ita cavit : *Si quid cuique liberorum meorum dedi aut donari aut in usum concessi aut sibi adquisiit aut ei ab aliquo datum aut relictum est, id sibi præcipiat, sumat, habeat.* »

En effet, ou bien ils faisaient partie de la dot, ou ils avaient été acquis par le mari, et la coutume qui annulait les donations entre époux empêchait qu'ils ne passassent dans le patrimoine de la femme (1).

Ce legs était si usuel, qu'il avait ses règles d'interprétation particulières; et un grand nombre de textes sont consacrés aux questions qu'elles soulevaient. Ainsi les termes *« quæ uxoris causa parata sunt, »* comprenaient non-seulement ce que le mari avait acquis pour l'usage de sa femme, mais encore tout ce qu'il avait mis à la disposition habituelle de celle-ci, alors même qu'il s'agissait d'objets dont il était déjà propriétaire avant le mariage (2). Cela comprenait même les objets qui avaient servi à une première femme (3) : et cette dernière interprétation était considérée comme un droit de l'épouse, tellement qu'on se demandait si l'on devait l'étendre au legs fait en faveur d'une concubine : non pas qu'on songeât à lui attribuer les vêtements et les bijoux d'une épouse décédée ou divorcée, mais on se demandait si l'on devait lui attribuer les objets qui avaient servi à une précédente *concubina*. Les vieux jurisconsultes Cascellius et Trebatius se refusaient à l'admettre (4). Il est vrai que déjà Labéon décidait en sens contraire : il donnait pour motif que le droit matrimonial n'avait là rien à voir, qu'il s'agissait simplement d'une interprétation de volonté et que le legs fait à la concubine devait être interprété comme celui fait à la *filiafamilias* ou à toute autre personne (5). Ulpien est plus affirmatif encore dans le même sens, mais pour un tout autre motif : « Parvi autem refert uxori an concubinæ quis leget quæ ejus causa

(1) L. 7, § 1; L. 18; L. 31 pr., D. xxiv, 1.

(2) L. 45, 1. 47, 1. 48, 1. 49, D. xxxii.

(3) L. 47 pr., D. xxxii; ou encore à une fille du mari.

(4) L. 29 pr., D. xxxii : « Qui concubinam habebat ei vestem prioris concubinæ utendam dederat; deinde ita legavit : vestem quæ ejus causa empta, parata esset. Cascellius, Trebatius negant ei deberi prioris concubinæ causa parata, *quia alia conditio esset in uxore.* »

(5) L. 29 pr., D. xxxii : « Labeo id non probat, quia in ejusmodi legato non jus uxorium sequendum, sed verborum interpretatio esset facienda, idemque vel in filia vel in qualibet alia persona juris esset. » Et Javolenus ajoute : « Labeonis sententia vera est. »

parata sunt; sane enim nisi dignitate nihil interest (1). » Ne peut-on pas voir là, soit dit en passant, une preuve de lente transformation qui déjà, dans le Haut-Empire, modifia peu à peu la conception du *concubinat?* Après que la loi *Julia de adulteriis* l'eut mis au nombre des unions légales, par cela seul qu'elle l'exemptait des peines dont elle frappait les unions irrégulières, on devait tendre de plus en plus avec le temps à lui reconnaître une valeur juridique.

Le legs des *parata* en faveur de la femme se présentait aussi avec une formule plus détaillée, énumérant soigneusement les diverses catégories d'objets qu'on voulait y comprendre. C'est ainsi que procéda Labéon dans son testament, dont cette clause nous a été conservée par Paul : « Labeo testamento suo Neratiæ uxori suæ nominatim legavit : *Vestem, mundum muliebrem omnem, ornamentaque muliebria omnia, lanam, linum, purpuram, versicoloria facta infectaque omnia* (2). »

Les *parata* légués à la femme étaient le plus souvent des cadeaux que lui avait faits son mari au cours de leur union. Mais peut-être celui-ci avait-il voulu lui faire des donations plus importantes portant sur des sommes d'argent ou des corps certains. Cela était impossible dans le mariage avec *manus;* ces libéralités n'avaient fait acquérir aucun droit à la femme : mais ici encore l'usage obligeait le mari de léguer à la *materfamilias* ce qu'il lui avait inutilement donné de son vivant (3). Sur ce point comme sur les autres, la femme *in manu* était assimilée aux enfants en puissance. Ceux-là aussi, en droit, ne pouvaient recevoir de donations du *pater,* mais l'habitude était que le père transformât en legs valables ces donations inefficaces (4). Et même une jurisprudence qui se forma au cours du IIIe siècle, admit que les donations faites aux *filii et filiæ familias* seraient validées de plein droit par le

(1) L. 49, § 4, D. xxxii.

(2) L. 32, § 6, D. xxxii.

(3) L. 107, D. xxx : « Si quando quis uxori suæ ea quæ vivus donaverat vulgari modo leget. » — C'est à cela que se rapportent les termes « *quidquid dedi, donavi,* » dans la formule de legs plus haut citée.

(4) Voyez la formule de legs dans la loi 88 pr., D. xxxi : « Quid cuique liberorum meorum dedi aut donavi... sibi præcipiat, sumat, habeat. »

décès du père, s'il n'avait pas retiré son bienfait avant de mourir (1). Dès lors, pour les enfants, le legs portant sur ces objets n'avait plus d'utilité; et on eût sans aucun doute appliqué la même théorie au profit de la femme *in manu*, si à cette époque la *manus* eût encore existé.

Dans le mariage libre pendant longtemps l'*uxor* put recevoir de son mari des donations entre-vifs; c'était encore la règle lorsque fut votée la loi *Cincia* (2). Mais, quand la coutume eut fait prévaloir la nullité des donations entre époux, le legs des choses données eut pour l'*uxor* la même importance que pour la femme *in manu* : et l'usage l'imposa de même au mari. Par là la règle prohibitive des donations entre époux perdait beaucoup de sa rigueur. Sauf le cas où le mari mourait *intestat*, les donations qu'il avait pu faire à sa femme, étaient toujours confirmées à titre de legs. Aussi l'*Oratio Antonini*, en validant les donations que l'époux aurait maintenues jusqu'à son décès, si elle modifia profondément le droit ne changea-t-elle pas le fond des choses. Elle substitua, à une confirmation testamentaire qui était de style, une confirmation tacite, plus commode et par là même plus équitable : c'est d'ailleurs ce qu'indique fort nettement Ulpien : « Oratio, autem Imperatoris nostri de confirmandis donationibus, non solum ad ea pertinet, quæ nomine uxoris a viro comparata sunt, sed ad omnes donationes inter virum et uxorem factas... cui locum ita fore opinor, *quasi testamento sit confirmatum quod donatum est* (3). » Mais dès lors le legs des choses données à la femme, ne fut plus maintenu dans le testament du mari que par la force de l'habitude.

(1) Paul, *Sent.*, V, 11, 3; *Frag. Val.*, §§ 275, 277, 278, 281; L. 18 pr., C. III, 36; L. 2, C. III, 28. Cette jurisprudence n'existait pas encore du temps où Papinien rédigeait ses réponses. Voy. *Frag. Val.*, § 294. Ce texte contient un rapprochement curieux entre la donation atteinte par la loi *Cincia*, la donation faite par le *paterfamilias* à l'enfant en puissance, et la donation entre époux depuis l'*Oratio Antonini*.

(2) *Frag. Val.*, § 302.

(3) L. 32, § 1, D. xxiv, 1.

IV.

Ordinairement le mari faisait un legs d'usufruit en faveur
de la femme (1). C'est là une habitude ancienne (2) et qu'attestent encore les jurisconsultes de l'époque classique. Le
titre du Digeste, qui traite principalement du legs d'usufruit (3), contient 43 fragments, et, sur ce nombre, il en est
13 qui parlent d'un usufruit légué à la femme (4). Lorsque
les lois caducaires fixèrent d'une manière spéciale le *jus ca-
piendi* entre époux, à côté d'une quotité en pleine propriété,
elles établirent une quotité supplémentaire en usufruit (5).

En cela les Romains suivaient une pente naturelle qui en-
traine les législations modernes. Toutes, elles font consister
principalement en usufruit les gains de survie des époux,
ceux de la femme en particulier. Par cette combinaison, sans
dépouiller à jamais ses héritiers naturels, le mari peut assurer à celle qu'il laisse après lui la vie facile et large qu'il lui
faisait de son vivant.

Le legs d'usufruit dans le testament du mari pouvait être
conçu de diverses manières. Le plus souvent il s'agissait d'un
usufruit pour la vie entière de la femme (6); mais parfois il
était restreint à une durée préfixe (7). Fréquemment il devait
prendre fin quand les enfants du testateur seraient en âge (8);

(1) L. 27, D. xxxiii, 2 : « Uxori maritus (per fideicommissum) usum fruc-
tum et alia et dotem prælegavit. » Dans cette phrase, le mot *alia* désigne
sans aucun doute le legs des *parala*, etc.

(2) Dans les *Topiques*, Cicéron cite ce legs parmi les clauses usuelles sur
lesquelles il raisonne, c. iii, 17 : « Non debet ea mulier, cui vir bonorum
suorum usumfructum legavit, cellis vinariis et oleariis plenis relictis, putare
id ad se pertinere. Usus enim non abusus legatus est. »

(3) Dig. xxxiii, 2 : *De usu et usufructu et reditu et habitatione et operis per
legatum vel fideicommissum datis.*

(4) LL. 22, 24, 25, 27, 30 pr., 31, 32, § 2, 3, 4; 35, 37, 38, 39.

(5) Ulp., XV, 3 : « Præter decimam etiam usumfructum tertiæ partis bonorum (ejus) capere possunt… 4. Hoc amplius mulier præter decimam dotem
capere potest legatam sibi. »

(6) LL. 22, 23 pr., 25, 27, 31, 38. D. xxxiii, 2.

(7) Voy., par exemple, L. xxiv, D. xxxiii, 2.

(8) L. 5, C. iii, 33 (Alexandre Sévère) : « Si pater usumfructum prædio-

2

la volonté du père de famille produisait alors au profit de la mère un résultat semblable à celui qui découle pour elle de l'article 384 du Code civil. Si le droit romain n'organise pas l'usufruit légal de la mère survivante (1), que nous avons puisé à une autre source, les Romains avaient reconnu au moins en partie les intérêts légitimes auxquels il correspond, et ils leur donnaient satisfaction conformément au génie de leurs institutions.

Au lieu de faire un legs d'usufruit, pour atteindre le même but, le mari pouvait laisser à sa femme par voie d'institution héréditaire ou de legs la portion de biens dont il voulait lui assurer la jouissance, et la grever d'un fidéicommis au profit de ses enfants ou autres parents (2).

Parfois la disposition portant sur un revenu ou usufruit avait un caractère plus modeste. Ainsi le mari lègue à sa femme l'*annuum*, c'est-à-dire la pension qu'il lui faisait pendant sa vie, selon les habitudes romaines (3); ou encore il lui

rum in tempus vestræ pubertatis matri vestræ reliquit. » — L. 12, *ibid.*, (Justinien) : « Ambiguitatem antiqui juris decidentes sancimus sive quis *uxori suæ* sive alii cuicumque usumfructum reliquerit sub certo tempore, in quod vel *filius ejus* vel quisquam alius pervenerit, stare usumfructum in annos, in quos testator statuit, sive persona de cujus ætate compositum est ad eam pervenerit sive non. » — L. 32, § 4, D. xxxiii. 2 : « A te peto, uxor, uti ex usufructo, quem tibi præstari volo *in annum quintum decimum* contenta sis annuis quadragentis, quod amplius fuit rationibus heredis heredum re meorum inferatur. » — L. 37, D. *ibid.* : « Uxori meæ usumfructum lego bonorum meorum *usque dum filia mea annos impleat octodecim*. »

(1) Le père survivant trouvait dans les effets de la *manus* ou de la *patria potestas* des avantages qui dépassent de beaucoup la portée de l'usufruit légal.

(2) L. 59 (al. 57), § 2, D. xxxvi, 1 : « Peto de te, uxor carissima, uti cum morieris hereditatem meam restituas filiis mei vel uni eorum vel nepotibus meis, vel cui volueris, vel cognatis meis si cui voles ex tota cognatione mea. » — L. 39, D. xxxiii, 2 : « Uxori vestem, mundum muliebrem, lanam, linum et alias res legavit et adjecit : proprietatem autem eorum, quæ supra scripta sunt, reverti volo ad filias meas quæve ex his tunc vivent. » — L. 41, § 14, D. xxxii : « Uxoris fideicommisit in hæc verba : « A te, Seia, peto ut quidquid a te ex hereditate mea pervenerit, exceptis his, si qua tibi supra legavi reliquum omne reddas restituas Mæviæ infanti dulcissimæ. A qua Seia satis exigi velo cum sciam eam potius rem aucturam quam detrimento futuram. »

(3) L. 10, § 2, D. xxxiii, 1 : cf. L. 15 pr., L. 28, § 6, D. xxiv, 1 ; L. 6, § 4, D. xxxiii, 8.

laisse les provisions de bouche qui se trouvent dans la maison (1). Dans un texte, l'usufruit légué à la femme est seulement destiné à lui permettre d'attendre la restitution de sa dot (2).

V.

Les diverses dispositions testamentaires que nous venons d'examiner formaient, dans le droit antique, un ensemble harmonieusement combiné. La naissance de l'action *rei uxoriæ*, créée pour la femme divorcée, mais bientôt après étendue à la femme survivante, vint jeter quelque trouble dans cette ordonnance. L'habitude du *legatum dotis* n'en persista pas moins, nous l'avons dit : mais ce legs n'allait-il pas faire double emploi dorénavant? La femme, ne pouvait-elle pas invoquer tour à tour le testament du mari et la coutume, et se faire payer deux fois sa dot? Cela n'eût point été impossible, surtout s'il s'agissait d'un *legatum pro dote*. Pour parer à cet inconvénient, un préteur inconnu rédigea l'*Edictum de alterutro*, qui forçait la femme de choisir entre ce que lui léguait son mari et ce que lui assurait la loi. Cet édit s'appliquait sûrement à toutes les dispositions testamentaires faites en faveur de la femme et destinées à lui tenir lieu de sa dot : au *legatum dotis*, au *legatum pro dote* (3), à l'*institutio pro dote* (4). Il n'était même pas nécessaire que le mari eût indiqué explicitement que, dans sa pensée, telle disposition devait suppléer la restitution de dot : on pouvait démontrer que telle avait été son intention (5).

Cela était parfaitement raisonnable; mais il semble que l'édit *De alterutro* allait plus loin. D'après lui, semble-t-il, la femme qui intentait l'action *rei uxoriæ* renonçait par là même à tous les legs quelconques que contenait en sa faveur le testament du mari (6). Cela se comprend moins aisément, car

(1) L. 1 pr., D. xxxiii, 9.
(2) L. 30 pr., D. xxxiii, 2.
(3) L. 53 pr., D. xxxi.
(4) L. 53, § 1, D. xxxi.
(5) L. 2 pr., D. xxxiii, 4; cf. L. 1, § 14, ibid.; L. 6, § 1, D. xxxiii, 2.
(6) L. unic., § 3, V, 13.

ces legs, fixés par l'usage, reposaient sur un sentiment d'équité, et beaucoup d'entre eux n'avaient aucun rapport avec la restitution de la dot. S'il faut accepter comme certaine cette disposition de l'édit, voici peut-être comment elle s'explique.

L'introduction de l'action *rei uxoriæ*, quelque équitable qu'elle nous paraisse, portait un coup sensible à l'ancienne organisation familiale : elle imposait au mari une responsabilité légale inconnue jusque-là. Le préteur qui, le premier, *edixit de alterutro*, chercha sans doute à conjurer ce danger autant qu'il était possible. Si la femme voulait s'en tenir au testament du mari, qui jadis fixait seul tous ses droits, elle recueillait toutes les libéralités qu'il contenait en sa faveur. Si, au contraire, elle n'acceptait pas le règlement arrêté par je mari pour la restitution de sa dot, *mariti judicium non agnoverit*, elle pouvait maintenant porter la question devant le juge; mais alors elle ne devait plus rien attendre de ce testament qu'elle avait méconnu. Elle devait opter, pour ainsi dire, entre le régime ancien et le nouveau. Le préteur espérait bien que, dans la plupart des cas, le choix de la femme s'attacherait au testament du mari.

Mais celui-ci pouvait, par une déclaration expresse, soustraire à l'application de l'édit tout ou partie des legs qu'il faisait à sa femme, car il n'y avait point là une règle d'ordre public. Ce qui le montre bien, c'est que si la femme réclamait sa dot non par l'action *rei uxoriæ*, mais par l'action *ex stipulatu*, invoquant une promesse formelle de restitution, elle pouvait en même temps réclamer les legs que lui avait faits son mari, autres pourtant que le *legatum dotis* ou *pro dote* (1). Cependant, ici encore, la volonté du testateur, nettement exprimée, pouvait empêcher le cumul (2).

---

(1) L. unic., § 3, C. V, 13 : « Sciendum itaque est edictum prætoris quod de alterutro introductum est, in ex stipulatu actione cessare, ut uxor et a marito relicta accipiat et dotem consequatur, nisi specialiter pro dote ei maritus ea dereliquit, quum manifestissimum est testatorem, qui non hoc addiderit, voluisse eam utrumque consequi. »

(2) L. 46, D. xxiv, 3 : « Qui dotem stipulanti uxori promiserat eidem testamento quædam legaverat, ita tamen, ne dotem ab heredibus peteret; ea, quæ legata erant, uxor capere non poterat; respondi dotis actionem mulieri adversus heredes non esse denegandam. »

§ 2.

La DONATIO ANTE NUPTIAS.

I.

Dans l'usage, la veuve romaine recueillait des gains de survie assez importants; mais elle les tenait tous du testament de son mari (1). Cependant, n'avait-elle pas pu s'en assurer par convention? Dans le mariage avec *manus* il n'y fallait pas songer. mais le droit romain donnait toute facilité pour cela dès qu'on se place dans le mariage libre. S'il défendit de bonne heure les donations entre époux, il admettait sans réserve les donations entre fiancés et permettait de les plier aux combinaisons les plus variées. Pour assurer à sa future épouse un gain de survie conventionnel, le fiancé aurait trouvé un instrument tout prêt dans le droit de l'époque classique. Ce n'était point la *donatio mortis causa* proprement dite, qui emporte la révocabilité *ad nutum* et qui n'eût pas donné à la femme plus de garantie qu'un legs. Mais le futur époux pouvait faire valablement une donation soumise à la condition de son prédécès, tout en s'interdisant la faculté de révoquer (2).

Cette combinaison, si bien appropriée au but, ne paraît pas avoir été usitée à l'époque classique : sans doute on ne sentait pas alors le besoin pour la femme de gains de survie conventionnels. Ce qu'on trouve ce sont des donations entre-vifs pures et simples, faites par le fiancé à la fiancée. Les jurisconsultes, d'ailleurs, n'en parlent guère que pour faire remarquer qu'elles ne tombent pas sous le coup de la prohibition des donations entre époux, et il ne paraît pas qu'elles aient été bien fréquentes et usuelles.

Si l'on descend maintenant au Bas-Empire, on y trouve la pratique des donations *ante nuptias* tellement développée,

(1) A moins qu'on ne voie dans l'action *rei uxoriæ*, qui lui était ouverte quand le mari prédécédait, un gain de survie légal.

(2) L. 13, § 1; L. 35, § 4, D. xxxix, 6. — Voyez M. Labbé, sur Ortolan : *Explication historique des Instituts*, 12ᵉ édit., t. II, appendice IV, p. 733, ssq.

qu'on les range au même titre que la dot parmi les conditions quasi-essentielles du mariage : « Si donationum ante nuptias vel dotis instrumenta defuerint, pompa etiam aliaque nuptiarum celebritas omittatur, nullus æstimet ob id deesse recte alias inito matrimonio firmitatem (1). » Nous voyons en même temps que ces donations sont un bénéfice propre à la femme, le fiancé seul en faisant d'ordinaire à sa fiancée : « Si sponsa... sponsaliorum titulo, *quod raro accidit*, fuerit aliquid sponso largita (2). »

Ce changement s'explique par une transformation parallèle dans l'organisation de la famille. Au temps des grands jurisconsultes, la famille était forte encore et unie au point de vue du droit. Au Bas-Empire, elle se désagrège. Les droits pécuniaires de ses membres se dégageaient peu à peu : en laisser le règlement, comme jadis, au testament du *paterfamilias*, c'était, dans les idées nouvelles, les mettre à la merci d'une volonté arbitraire et changeante. Aussi la loi affirmait progressivement les droits privés des enfants en puissance. Depuis longtemps, la femme divorcée ou survivante avait un droit légal à la restitution de sa dot. Mais elle ne se contentait pas le plus souvent de ce droit strictement attaché à sa personne, et par une stipulation rendait contractuelle l'obligation du mari de restituer la dot à la dissolution du mariage. Il était naturel qu'elle se fît également assurer par un acte entre-vifs les avantages que son mari était moralement obligé de lui faire sur ses biens personnels, et que précédemment il ne réglait que dans son testament.

Mais dans le développement des *donationes ante nuptias*,

______

(1) L. 3, C. Th. III, 7 (Theod. et Val., a. 428). En l'an 382, les empereurs Gratien, Valentinien et Théodose, voulant assurer aux enfants d'un premier lit la nue-propriété des biens que la femme remariée avait reçus de son premier mari, énumèrent ces libéralités dans l'ordre suivant. L. 3, C. Th. III, 8 : « Quidquid ex facultatibus priorum maritorum sponsaliorum *jure*, quidquid etiam nuptiarum solemnitate perceperint, quidquid aut mortis causa donationibus factis aut testamenti jure directo aut fideicommissi vel legati titulo vel cujuslibet liberalitatis præmio ex bonis maritorum fuerint adsecutæ. » — En 412, Honorius et Théodose (L. 3, C. Th. III, 5), traitant le même sujet, s'occupent principalement des choses « quæ nuptiarum tempore mulieres accipiunt. »

(2) L. 2, C. Th. III, 5 (Constantin, a. 336).

il faut aussi reconnaître l'influence de certaines coutumes, fort anciennes sans doute, mais qui, pendant longtemps, n'avaient pas eu d'importance juridique. Cela ressort du nom même dont on nomme maintenant les donations *ante nuptias* : on les appelle *sponsalia*. Cela indique clairement qu'elles interviennent à l'occasion des fiançailles dont elles forment un incident. Il paraît certain que de tout temps, au moment des fiançailles ou au moins avant le mariage, le futur époux faisait à la fiancée des présents, au nombre desquels était un anneau (1); de même que le lendemain des noces, à Rome comme en Germanie, le mari faisait un nouveau présent à la jeune épousée (2). Mais jusqu'au Bas-Empire ces usages n'avaient eu aucune importance juridique. Le cadeau du fiancé, répondant maintenant à un besoin véritable, changea de nature, devint une sérieuse et importante donation et passa du domaine des mœurs dans celui du droit (3). C'est ainsi que la *dos* et le *morgengabe* des coutumes germaniques, probablement insignifiants à l'origine, se développèrent dans la suite et en se combinant produisirent notre douaire coutumier.

Ce n'est pas là une pure imagination. Un fait précis assigne à la *donatio ante nuptias* du Bas-Empire l'origine que nous venons de lui donner. Constantin (dans la loi 5, C. Th. III, 5), pour décider dans un certain cas si cette libéralité sera ou non maintenue, se réfère expressément à l'une des cérémonies des fiançailles. Il s'agit de savoir si, l'un des fiancés venant à mourir avant le mariage, la *donatio ante nuptias* déjà

(1) Juvénal, *Sat.* VI, 25, seq : « Conventum tamen et pactum et sponsalia nostra — Tempestate paras, jamque a tonsore magistro — Pecteris, et digito pignus fortasse dedisti. »

(2) Juvénal, VI, 200, ssq : « Docendi nulla videtur — Causa, nec est quare cænam et mustacea perdas — Labente officio crudis donanda, nec illud — Quod prima pro nocte datur cum lance beata — Dacicus A scripto radiat Germanicus auro. »

(3) Des constitutions impériales de la seconde moitié du IIIe siècle parlent déjà de ces présents comme d'une chose usuelle. L. 7, C. V, 3 (impp. Carus Carinus et Numeranus) : « Si cum ante nuptias munera darentur. » — L. 8, C. ibid. (Diocletianus et Maximianus) : « Si ante matrimonium... sponsæ suæ, licet ante sponsalia, fundum donavit. » — Souvent c'étaient des esclaves qui faisaient l'objet de la donation. L. 10, L. 14, C. V, 3 (Diocletianus et Maximianus).

faite subsistera au profit de la femme ou de ses héritiers (1).
L'empereur décide qu'elle est maintenue pour moitié, si le
baiser, « *osculum,* » a été échangé entre les fiancés, sinon elle
sera annulée. Or, ce baiser symbolique était une cérémonie
qui précédait le mariage, qui venait sceller définitivement les
fiançailles (2), et que les chrétiens avaient empruntée au pa-
ganisme. Elle est nettement indiquée par Tertullien : « Ad
desponsationem (virgines) velantur quia et corpore et spiritu
masculo mixta sunt *per osculum et dextras,* per quæ primum
resignarunt pudorem spiritu (3). »

L'usage, que nous signalons, était si bien enraciné, qu'il
a probablement donné naissance à une institution coutumière
d'une région de la France. Dans le Poitou, l'Aunis, l'Angoumois, nous trouvons un gain de survie en faveur de la
femme, qui n'est point le douaire, bien qu'il s'en rapproche,
et qui porte les noms de *oscle, ouscle, osclage* (4). N'est-ce pas
là, transformée avec le temps, l'ancienne donation du mari

(1) Une décision analogue est donnée dans le *Römisch-Syrisches Rechtsbuch,*
publié par MM. Bruns et Sachau, § 91.

(2) Gothof. sur la loi 5, C. Th. III, 5 : « Cui sponsus osculum præbuit plus
quam sponsa censeri debet. »

(3) *De veland. virg.* C. 11. — *La dextrarum junctio* dont il est ici question
était, dans la Rome païenne, une cérémonie du mariage lui-même. Voy. M.
Voigt, *Die XII Tafeln,* t. II, p. 690. Elle figura aussi dans le rituel du mariage chrétien.

(4) Coutumes de Charroux (an 1247), art. 12, 17, 18. (Giraud, *Essai sur
l'histoire du droit français,* II, p. 502.) — *Livre des Droiz et des commandemens
d'office de justice,* § 935 : « Et est ouscle c'est le tiers denier de ce que son
mari ot en mariage d'elle en argent et meuble, que la femme doit prendre sur
les biens de l'homme après sa mort. » § 951 : « Il est coustume que quand
argent est donné à feme en mariage, après la mort de son seigneur, elle a le
tiers denier en oultre selon que la somme monte en ouscle, et en cestuy ouscle
elle n'aura que sa vie ; et elle morte est tenue de le rendre aux hoirs du mari.
Mais femme par la coustume puet eslire ou avoir le dit ouscle ou la moitié à
héritaige dudit ouscle. . Et oppinions sont contraires que au cas que le mari li
fait donnaison de meubles et acquetz, quelle ne doit point prendre ledit douaire :
et autres oppinions sont contraires que les gentilz femes ne prennent point tel
douaïre en deniers. » — *Coutume de la Rochelle,* art. 46, et Valin, sur l'art.
43, n° 18 : « Pour ce qui est de l'osclage, il y a toute apparence qu'il vient
d'osculum, mais sans nous arrêter à examiner si cette étymologie est juste,
ni si l'osclage est, comme on l'a prétendu, *pudicitiæ præmium,* il suffit de
dire que dans notre usage il est le tiers en montant de la dot qui entre dans la
communauté, autrement la moitié de la dot... il n'est point dû à la femme sans

qu'accompagnait l'*osculum* (1)? Il n'est pas probable que ni
la chose ni même le nom aient été introduits par la renais-
sance du droit romain.

II.

Dans le droit du Bas-Empire comme à l'époque classique,
la *donatio ante nuptias* se présente tout d'abord sous la forme
d'une donation entre-vifs pure et simple. Mais cela présentait
des inconvénients évidents, cela entraînait des conséquences
manifestement contraires à l'intention des parties. Il fallait
faire disparaître ces inconvénients, et pour cela transformer
la nature de cette donation; c'est ce que firent peu à peu la
législation et la pratique.

1° La donation que recevait la fiancée était nécessairement
faite en vue du mariage. Cependant donation entre-vifs pure
et simple, elle n'en restait pas moins acquise à la donataire
au cas où le mariage ne se réalisait pas. Les parties pouvaient,
il est vrai, convenir que la libéralité serait caduque dans ce
cas. Cependant elles n'avaient point toute liberté à cet égard;
elles ne pouvaient prendre la combinaison d'une condition
suspensive, au moins quand la donation consistait en une
datio; car alors l'acquisition étant retardée jusqu'à l'accom-
plissement du mariage, on retombait dans la donation entre

convention, la femme ne peut le demander qu'en renonçant à la communauté...
ce point d'usage est si constant qu'il est devenu comme de style dans les
contrats de mariage où l'oclage est stipulé. » Et n° 9 : « Dans notre pratique
le douaire et l'oclage peuvent subsister ensemble quoique nous regardions
l'oclage comme un douaire et que pour l'ordinaire il en tienne lieu. — *Coutume d'Angoumois*, art. 47 : « Par la coustume gardée entre roturiers, le
mariage solu, la femme a son choix de prendre la moitié des meubles et
acquets faits durant ledit mariage ; ou bien les meubles et deniers et biens
immeubles qu'elle y aura porté. Auquel dernier cas, elle aura lesdits deniers
par elle portez en faveur de son dit mariage, et pour son douaire ou ocle,
aura le tiers des deniers seulement en montant. Et ce outre les domaines et
deniers par elle baillez et payez. » Voy. Vigier sur cet article.

(1) Gothof, *ad leg.*, 5, C. Th. III, 5 : « Vestigium istius juris aliquod etiam-
num videmus in consuetudine Ruppellana, rl. 46, quâ cavetur mulierem post
mariti obitum inter cætera sibi habere quod donato accepit pro jure osculi,
vulgo « *pour son ousclage*. »

époux (1). Ce qu'on pouvait faire, c'était de convenir que la donation serait résolue, si l'union n'était pas consommée ; mais il ne semble pas que cette clause ait été fort usitée (2), peut-être y voyait-on une indication de mauvais augure. Cependant au fond, il était bien conforme à l'intention véritable des parties de rendre la libéralité conditionnelle. C'est ce que fit Constantin par une constitution de l'an 319 (3). Il décida, que si après avoir reçu les *sponsalia*, la fiancée ou le *pater* sous la puissance duquel elle se trouvait, se refusaient à célébrer le mariage, les biens donnés feraient intégralement retour au donateur. Si, au contraire, le refus procédait du fiancé, la fiancée conserverait la *donatio ante nuptias* à titre de dédommagement (4). La même loi prévoyait le cas où l'un des fiancés viendrait à mourir *ante nuptias*, elle décidait en principe que la donation alors était caduque ; cependant lorsque c'était le fiancé dont la mort rendait le mariage impossible, la fiancée gardait la *donatio* qu'elle avait reçue de lui, s'il ne laissait ni père, ni mère, ni enfants d'un précédent mariage. Cette décision fut d'ailleurs modifiée par une autre constitution du même empereur de l'an 336, que nous avons eu déjà l'occasion de citer (5). Elle porte que si le décès de l'un des fiancés se produit après que le baiser symbolique a été échangé, la *donatio ante nuptias* faite à la fiancée sera toujours maintenue pour moitié, soit à son profit, soit au profit de ses héritiers. Si, au contraire, l'*osculum* n'était pas encore intervenu, la donation est caduque pour le tout (6).

(1) L. 4, C. V, 3 : « Quod sponsæ ea lege donatur et tunc dominium ejus adipiscatur, quum nuptiæ fuerint secutæ, sine effectu est. »

(2) L. 2, C. Th. III, 5 : « Cum veterum sententia displiceat, quæ donationes in sponsam nuptiis quoque non secutis decrevit valere. »

(3) L. 2, C. Th. III, 5.

(4) La constitution ne permet point de justifier le refus par quelque motif : « Cum longe antequam sponsalia contrahantur hæc cuncta prospici debuerint. »

(5) L. 5, C. Th. III, 5.

(6) « Si ab sponso rebus sponsæ donatis, interveniente osculo, ante nuptias hunc vel illam mori contigerit, dimidiam partem rerum donatarum ad superstitem pertinere præcipimus, dimidiam ad defuncti vel defunctæ heredes, cujuslibet gradus sint, et quocumque jure successerint : ut donatio stare pro parte media, et solvi pro parte media videatur. Osculo vero non interveniente, sive sponsus sive sponsa obierit, totam infirmari donationem et donatori sponso sive heredibus ejus restitui. »

2° Si dans l'intention des parties la *donatio ante nuptias* était destinée à assurer un gain de survie à la femme, celle-ci ne devait y avoir aucun droit lorsque le mariage se dissolvait par le divorce ou par son propre décès. Or, la libéralité, se présentant sous la forme d'une donation entre-vifs, était maintenue dans l'un et l'autre cas.

Dans l'hypothèse d'un divorce, le législateur du Bas-Empire fit disparaître en partie cette contradiction, en se plaçant, il est vrai, à un autre point de vue. Une loi célèbre de Théodose et Valentinien, en l'an 449, vint modifier profondément la législation du divorce (1). Elle ne le supprima point, elle n'en soumit même pas la validité à une sentence judiciaire; mais réagissant indirectement contre l'institution, elle édicta des peines ou des incapacités contre l'époux qui abuserait du droit de répudiation ou qui donnerait à son conjoint un juste motif de *repudium*. Si c'était la femme qui se mettait dans l'un ou l'autre cas, elle perdait la dot et la donation *propter nuptias*, qu'elle gagnait au contraire toutes les deux, si le mari l'avait répudiée sans motif, ou lui avait fourni une juste cause de répudiation. Les empereurs Théodose et Valentinien n'avaient point visé le divorce par consentement mutuel, qui restait librement permis, comme par le passé (2) : mais, sans doute, alors le libre accord des parties fixait le sort de la *donatio ante nuptias*. On sait que Justinien, particulièrement dans la Novelle 117, restreignit encore les cas où le divorce serait exempt de peines, tout en aggravant les pénalités qui frappaient les divorces désapprouvés.

3° Si le divorce n'intervenait point, mais que le mariage fût dissous par la mort de la femme, celle-ci transmettait à ses héritiers la *donatio ante nuptias*; c'était le contraire d'un gain de survie. Pour remédier à cet inconvénient, il semble qu'on se soit avisé d'abord d'un moyen assez simple; il nous est indiqué par deux des textes peu nombreux que nous avons sur le sujet (3). La femme ajoutait à sa dot, et à ce titre rendait à son mari les biens qu'elle avait reçus de lui par dona-

(1) L. 8, C. V, 17.
(2) L. 9, C. V, 17 (Anastase, a. 497).
(3) L. 1, C. V, 3 (Severus et Antoninus); L. 11, ibid. (Diocletianus et Maximianus).

tion anté-nuptiale. Cette combinaison permettait d'abord au mari de garder, pendant le mariage, la jouissance de ces biens. De plus, si la femme prédécédait, il en gardait définitivement propriété, du moins suivant le droit commun. Jusqu'à Justinien, en effet, lorsqu'il n'y a pas eu stipulation de la dot, les héritiers de la femme prédécédée n'ont pas d'action pour réclamer la dot adventice, qui reste acquise au mari (1).

Mais ainsi pratiquée, la *donatio ante nuptias* n'était pas autre chose qu'un supplément de dot fourni par le mari lui-même. C'est la conception qui se conserva en Occident ; c'est du moins celle qu'on retrouve dans la pratique de nos pays de droit écrit. L'*augment de dot* (2) semble avoir pris son nom et ses caractères plutôt à une ancienne coutume qu'aux dispositions des lois du Bas-Empire sur les *donationes propter nuptias* (3).

En Orient, en effet, on fit de la *donatio ante nuptias*, non le supplément, mais le pendant et la contre-partie de la dot, en ne considérant celle-ci, il est vrai, qu'au point de vue du droit de survie qu'elle pouvait constituer pour le mari. Déjà bien avant le règne de Justinien, les principes de l'*actio rei uxoriæ*, qui maintenaient la dot adventice dans le patrimoine du mari en cas de prédécès de la femme, trouvaient rarement leur application. Le plus souvent la restitution de la dot était assurée par une stipulation ou des pactes adjoints à la constitution. Cela n'excluait point un gain de survie pour le mari ; seulement ce gain était déterminé par la convention ; une clause fixait la portion de la dot que l'époux garderait si la femme prédécédait *constante matrimonio* (4). On prit

(1) Cette combinaison avait encore un autre avantage. Si le divorce intervenait et qu'il fût imputable à la femme, elle permettait au mari de se faire attribuer en partie la *donatio propter nuptias* par le *judicium de moribus* ou la *retentio propter mores*. Cela était utile avant la constitution de Théodose et Valentinien.

(2) Voy. Laurière, *Gloss.*, v° *Augment de dot*.

(3) D'ailleurs, de très bonne heure on dut simplifier la pratique indiquée plus haut. La donation faite par le mari à l'occasion des noces prit directement le caractère d'un supplément de dot, sans qu'il fût nécessaire, comme au début, que la femme, après avoir reçu le bien à titre de *sponsalis*, le rendît au mari *dotis nomine*.

(4) L. unic., § 6, C. V, 13 : « Si decesserit mulier constante matrimonio, dos non in lucrum mariti cedat nisi ex quibusdam pactionibus. »

l'habitude, parallèle pour ainsi dire, de fixer aussi dans quelle proportion la *donatio propter nuptias* serait acquise à la femme survivante. Dès lors, ce fut en réalité cette quote-part qui, seule, constitua pour elle une libéralité. La somme totale de la donation *ante nuptias* ne fut plus qu'une valeur fictive, qui servait à calculer la *donation* dont réellement bénéficierait la femme le cas échéant. La *donatio propter nuptias* était devenue un simple gain de survie.

Pendant le mariage, en effet, le mari conservait non-seulement la jouissance, mais la propriété des biens compris dans la donation. Cela ressort bien d'une constitution de Justinien, qui permet à la femme d'exiger le paiement de la dot et de la *donatio propter nuptias* en cas de déconfiture du mari, comme elle pourrait le faire en cas de prédécès de celui-ci (1). Alors, par exception, elle aura la jouissance de ces biens, mais sans pouvoir les aliéner (2), tant que durera le mariage. Mais d'ordinaire la femme se faisait consentir sur ces objets eux-mêmes une hypothèque, qui permet d'employer le mot *vindicare* pour indiquer qu'elle les réclame (3).

La *donatio ante nuptias* peu à peu prenait les traits de la dot, encore à d'autres points de vue. Ainsi comme son nom l'indique, et comme le voulaient les anciens principes alors qu'elle était vraiment une donation entre-vifs ordinaire, elle devait précéder le mariage. Mais dorénavant n'était-il pas naturel qu'elle pût être comme la dot constituée ou augmentée pendant le mariage? L'empereur Justin le décida ainsi (4) Et Justinien, confirmant cette loi, enleva à ces donations leur vieux nom, qui ne correspondait plus à la chose nouvelle, il

(1) L. 29, C. V, 12 : « Ut potuisset si matrimonium eo modo dissolutum esset quo dotis et ante nuptias donationis exactio ei competere poterat. »

(2) *Ibid.* : « Ita tamen ut eadem mulier nullam habeat licentiam eas res alienandi vivente marito et matrimonio inter eosdem constitui, sed fructibus earum ad sustentationem tam sui quam mariti filiorumque, si quos habet, abutatur. »

(3) *Ibid.* : « Eam posse easdem res *vindicare*, vel a creditoribus posterioribus, vel ab aliis, qui non potiora jura legibus habere noscuntur. » L. 1, § 1, C. V, 17 : « Eam et dotem recuperare et ante nuptias donationem lucro habere aut *legibus vindicare* censemus. »

(4) L. 12, C. V, 3.

les appela *donationes propter nuptias* (1). De même, en tant que donation entre-vifs la *donatio ante nuptias* était soumise à la formalité de l'insinuation. Justinien commença par décider que l'insinuation pourrait valablement être faite seulement au cours du mariage (2); puis, entraînée par la logique, il écarta totalement la nécessité de l'insinuation (3).

Dans ce développement des donations *propter nuptias*, tel que nous l'avons montré jusqu'ici, c'est la libre volonté des parties qui a constitué et déterminé le gain de survie. Mais le commandement de la loi devait intervenir dans une certaine mesure.

D'ordinaire, on proportionnait dans les contrats de mariage les gains de survie des deux époux. En l'an 468, les empereurs Léon et Anthemius imposèrent aux parties une exacte proportionnalité, la femme survivante gagnerait sur la donation *ante nuptias* la même fraction que le mari survivant devait conserver sur la dot (4). Justinien changea cette proportionnalité en une égalité absolue : il décida que la *donatio ante nuptias* et la dot devraient toujours être de la même valeur (5).

Justinien alla plus loin : il assura un gain légal de survie, à la femme qui ne pouvait bénéficier des dispositions précédentes, parce qu'elle n'apportait point de dot : ce fut la quarte du conjoint pauvre organisée par les Novelles 53, 74 et 117. Ce droit accordé d'abord au mari comme à la femme (6), fut ensuite réservé à cette dernière (7).

Les biens que recueillait la femme survivante, soit comme *donatio propter nuptias*, soit à titre de quarte lui apparte-

---

(1) L. 20 pr., C. V. 3 : « Quasi antipherna hæc possunt intelligi et non simplex donatio.... non simplices donationes intelligantur sed propter dotem et nuptias factæ. »

(2) L. 20, § 1, C. V, 3.

(3) Nov. 119, C. 1; Nov. 127, C. 2.

(4) L. 9, C. V. 14 : « Quantam partem mulier stipuletur sibi lucro cedere ex ante nuptias donatione, si priorem maritum mori contigerit, tantam et maritus ex dote partem non pecuniæ quantitatem stipuletur sibi si constante matrimonio prior mulier in fata collapsa fuerit. »

(5) Nov. 97, C. 1.

(6) Nov. 53, C. 6, § 5.

(7) Nov. 117, C. 5.

naient en principe en toute propriété : mais, s'il existe des enfants du mari, d'un précédent mariage, la loi leur réserve la nue-propriété des biens donnés *ante nuptias* (1). De même la quarte du conjoint pauvre se borne à un usufruit lorsque le mari laisse des enfants pour héritiers.

Au cours de ces changements, le testament du mari a perdu en grande partie l'importance qu'il avait pour la femme. Aussi n'en est-il plus guère question dans les lois du Bas-Empire. Seuls les legs d'usufruit du mari en faveur de la femme paraissent être restés à l'état de disposition usuelle ; un titre leur est du moins consacré dans les Codes de Théodose et de Justinien (2). Encore ce titre ne contient-il qu'une seule constitution, dans laquelle les empereurs Arcadius et Honorius déclarent que l'usufruit laissé par testament à la femme est perdu par elle lorsqu'elle se remarie, alors qu'elle conserve l'usufruit des choses données *ante nuptias*.

(1) L. 1, C. V, 10 ; L. 2, C. Th. III, 8 ; Nov. 22, C. 4, 26.
(2) C. Th. III, 9 ; C. J. V, 10.